Noctis Labyrinthus

- Edidiones de otro mundo -

Colección: poieo, 1

Dialéctica de ojos

María Ferreiro

DIALÉCTICA
DE OJOS

MARÍA FERREIRO

Noctis Labyrinthus, colección: *poieo*, 1
Fotografía de la autora: Hugo Ortega Vázquez

Primera edición: 2016
Segunda edición: 2021
Tercera edición: 2024

© 2016, María Ferreiro
© 2016, *Noctis Labyrinthus*
Santander (España)
info@noctislabyrinthus.com
www.noctislabyrinthus.com

ISBN-13: 978-3981812909
ISBN-10: 3981812905
Depósito legal: SA 49-2024

Para Salvador Lozano, mi padrino poético.

1

OFUSCADO
EN LA RETINA

Para aquel,
por hacer sombra
a la verdad.

CIUDAD SENSIBLE

La noche está muda. Si mi día diera un vuelco y encarara el sol y la luna, chillaría. Pero me dejo caer ante las puertas donde capitula a diario un nuevo atardecer con la bruma, los rayos y la brisa.

Retengo en escena mi traje dos suspiros; corro a casa temprano. Dentro de la cueva platonizo mi eco. Quisiera ascender y palpar la vida, olvidarme de la ciudad para apreciarla al horizonte, respirar bajo las nubes y hasta las estrellas sin temor a gente como yo. Sola es mejor que con alguien que no me sienta.

Mi día y desvío quién sabe con quién me cruzarán. ¿A dónde iré? Será por falta de lugares.

«Se puso a llover y pensé, y corrí lejos.»

SENTIR

En posterior masacre interna. Afuera dulce y amargo se besan con las retinas. Mi mente contempla, con sentido de misterio, y alarma en sigilo. Sobre el caparazón sísmico, por ajarse, oculto mi estrecho estigma; llaga cerrada para reventar. Un recuerdo se lamenta ante el umbral de la aurora a punto de perseguir estrellas en el iris.

Mas si te pienso, ¿palpitas tan solo en el cráneo? Emanas mi aliento y te pienso. Me asusta librarte y perder los cuerpos, dejarte ocupar rincones, desgastar jadeo, tacto, grito, mente, sentido.

Necesito un suspiro por romper con párpados esperando ser besados.

LA SOMBRA DE LA VERDAD

La verdad es una sombra
eclipsada tras la luz cegadora
que al penetrar siembra
mi claro camino
del infinito frío
que esconde el oscuro universo
desconocido.

DIALÉCTICA DE OJOS

En constante expiración
se halla una inquietud
que me perseguía y limitaba.
En continua exaltación
de mi vida la lanza
se alza en alud.
Aspiro a domarla
en los espasmos y gotas de luz
que pellizcan alrededor
intornables.

¡Pero no me mires y siente!
La prisa que bulle,
diana galáctica,
abrazo que arde
por colapsarse.

Implosionante,
me fundes, hundes
a otro mundo.
Luz exhumo
y me derramas del humo

y de la llama.
Me asusta, aturde reconocerlo,
pero la bóveda
de mi lecho estalla,
centro
de mi pecho reclama
perseguir las madrugadas
desafinando el aliento,
ensimismándome la mirada.

Todo en mí empuja y me arma;
una vieja luz recuerdo
en nada,
latiendo frugal
por que despertara.

Y jamás, nunca tanto me descubrieron
y el cielo soplaba más frágil;
ahora de mí, victorioso,
te apoderas ágil
como ningunos ojos
antes me contuvieron:
tú, sideral caballero.

TU COLOR

No es azul la brisa en calma
cuando la espuma bate
la espada callada,
mas castaña fértil tierra
calada en el labio
que el océano hierra.

¡Destello de vida
que vela
e inflama desaliento suicida!
¡Cuerpo rasgado
por estrellas batidas
en aquel caos pasado!

Y sin ventilo,
sin espíritu sabido,
púrpuras tus ojos
me prenden en gozo
y exhortan la huella
que tu vidrio encierra.

OJO CON LAS MANOS LARGAS

No solo me has robado
más de un beso,
sino que privas a las palabras
de todo su peso,
gozando del significado
de un «te quiero», y por eso
llenas caricias y miradas
de esa sed de exceso.

Por eso te echo de menos:
a falta de expresiones
que muevan el corazón,
necesito ver tus ojos,
que me den la razón.

PEQUEÑAS CELOSAS

Inertes letras
que dibujan vidas,
que sollozan,
que oprimen,
que atan sus líneas,
me sujetan
e impiden
saltar las orillas;
te rehúsan,
te encogen,
matan por la envidia.

SER

Porque soy; asfixio el aire por respirarte y
en tu más sagaz suspirar ahondarme.
Porque eres; colmas de color y aroma la más
parda sombra que en vela asola.
Porque es; excita mi lira con su cordial
melodía despertando mi día.
Porque somos; unimos el alma y veneramos
la frenética llama.
Porque sois; vagáis surcándome y partís
olvidándome.
Porque son; engendran sin cesación.

Yo. Tú. Amor. Amantes. Mortales.
Inmortales.

CUESTIÓN DE RESPIRAR

Preciso más verbos
y mudos instantes
que devoren el tiempo,
con la efigie colmada
de señuelos hambrientos
que ferren el aliento
conjugado en el cuello;
ya la musa del viento
y un hado de estrella
me prestaran su genio
a rasgar desde tierra
el oriente del beso:
un recuerdo del eco
alboreando el recuerdo.

Mas un agudo silencio
halado en tu estela
planea el universo
con una mueca:
sin jadear, sin secreto,
más allá de los versos,

con el labio en el pecho
de estallidos diestros.

MÁS

No solo un nombre
ni una fecha,
ni tan siquiera
una promesa;
no un perfume
ni un poema,
ni una imagen
ni esa carencia;
ningún clavel
ni mirada tierna,
ni ya la aurora
o la danza intensa.

No es un viaje
lo que destierra
ni otra caricia
la que me lleva.

Es caminar
entre armonías
y recordar
la melodía;

es aspirar
la tilde henchida
que sobre el lomo
palpita fija;
es al temblar
por cada arista
y destapar
su sombra artista.

Es viajando
como conquistas
y acariciando
tanto me asfixias.

AMANTE QUE NO SUEÑA

Amar no es impulso
ni beso de bríos,
es purgar y olvidar
llameante el camino,
es tu aliento expiar
sin decirte cautivo,
atravesando tu sien
el más pronto latido.

Amar no es recluso,
ni amante tardío;
no es,
se descuida a surcar
ausencia y olvido.

Amar no es sentir,
pero sí abandonar.
Antes de rozar
y añorar
y en ti bucear,
la sien volará:
¿con qué ojos verás

la huella al pisar?
Tornarás virginal
en un fiel despertar,
hasta la necesidad
de conciliar el sueño.

ENTRE LA LUNA Y EL SOL

Vela en tus sueños
y descansa mucho,
aún es de noche, aprovecha;
pues el alba en breve trecho
con su broche de vuelta acecha
el laberinto de tu sombra estrecha.

2

EXTINGUIR LA CÓRNEA

Para el río
que discurre
contra corriente.

DESCUIDO Y OLVIDO

La última chispa parpadeó en los fieles ojos de rutina. Cuando agitabas la llama a tu favor, a desvanecer, no permaneciste ardiente.

El amor no es un cortejo de las llamas para comprometerse a prender. No es reto, ni rito, no es juego o tanteo, sino un ardor desprendido de los pulmones en vela. Es arder como uno y nunca el mismo. El amor es un descuido del egoísmo por el impulso de alumbrar y un olvido del miedo a consumirse.

Parpadeas y pretendes enseñar a tu corazón a latir de nuevo. Sí, como si tú fueras el maestro capaz de controlar la vida propia del pulso. Temes el guiño latente que discurre la sangre hasta el último foso de tu cuerpo, mientras guiñas el ojo al ciego impulso del que eres esclavo.

Con el delirio de querer dominar tus sentimientos dándoles de comer a parte y lo justo para que no engorden, mientras te abandonas al albedrío de los impulsos que sostienen fuera el reflejo de tu interior, acompañarás tu soledad a través de montañas y valles. El corazón llevaréis a rastras fuera de su hábitat, fuera de un cuerpo ya frío y cansado y una mente totalmente cegada tras los intensos claroscuros del pecho.

Has cuidado el egoísmo y recordado el miedo.

ESPACIO

Si me quitas la nada, me convierto en nada.

Tras la última chispa lo primero que se va es el odio. Después del rencor queda un gran vacío. Y prefiero esa nada al veneno arrasador. Al fin y al cabo, la tristeza se puede alimentar hasta consumirse, pues no es más que un hueco que ruge en el estómago del alma. Pero el odio enferma todo el cuerpo.

DISTANCIA

Más cruento el tedio
que desnudar un empeño
o cavar en la fuente
de tu boca de nuevo;
más ronco el olvido
que jadear tus suspiros
o verter en la sangre
un alud clandestino.

Soplos devorados
por la brisa de paso,
desahogados
en tortura;
y, cuando desola,
libre
la prisa apura
de labio a labio
en la laguna,
para ceñir la holgura.

MUDANZA

Exhausto tras de mí
rueda mi freno,
me arrea y rasga
en ciclón ajeno.

Anzuelo rugidor
de silencio moreno
desde la garganta peinada
que asoma el cabello.

Abstemio su señor,
castaño genio
que no ronca ni arre
y sí muta su premio;
rodea mi arrullo febril
con cuello ebrio,
a morder de raíz:
veré si al hálito
le dura la cola.

HIPERTENSIÓN MORAL

De los bronquios cuelgan
los extremos hinchados,
oprimiendo en el pecho
raicillas coladas
que concurren el seno
de la bilis y el veneno,
arcada convulsa
que más lía los nudos
del atado recelo,
con el peso venciendo
e inclinando el cuerpo.

Tales los celos
que me llaman:
templo ofrezco
a resaca temprana,
sin cuidarme contemplo
las torpes garras
saciarse y hallar,
allanando me llaman.

DERECHO DE ZURDO

Te veo no verme,
sin nada fue todo,
cual cadencia
entre mis labios
y tus esbozos.

Arrancas
las hojas con nota
sin coma ni punto,
despuntas la lengua:
romance en poema.

Brillas
donde el colofón
tus piernas cierran,
desenlazado telón
que eclipsa mis piernas:
trágicos poetas.

Descubre
el signo,
apunta un punto

y arranca la nota:
¡deslumbra!

Te veo verme,
sin todo fue nada,
cual carencia
entre mis gritos
y tus armas.

UNA DE ESAS GUERRAS
OLVIDADAS

Sembrada en la tormenta
y recogida aún su pena
en una espesa niebla lenta.
Es paño cada piedra
de la emperifollada senda
hasta la llaga primera:
boca hueca.

Yacida en sueño cobarde,
caída en la tarde
arruinada de Roma;
bárbaro es que alarmen
que cada camino la asoma.

¡Y que hienda!
Tras los mares desarmados
es la huella
donde te perdiste
entre polvos de inercia,
cuyo golpe el ojo estrecha

y su paso sombra deja
sobre la tierra, al pisar con fuerza.

IPSA BELLUM

Amor ajeno,
inhumo reo
de acero y león;
amor impropio,
herrumbre templo
rugido en ascuas,
divino soplo.

Lucha sin la plata
en hoja
que araña y no rasga
boca,
brinda divino
blindaje
brincando mancilla
en carne;
y tal es la fuerza en contra:
el viento
que abrasa su cuerpo al seno
y forja
que abraza punzante erizo,

y piel cubierta
detona.

Reo chilla
eco por coraje
y por bandera asesina;
el rencor tampoco halla
en metal una manilla.

Amor
por propio puño
trotante al pecho,
amor
por sus aristas
y trecho terso;
fugaz destello
al espejo.

Odio
por zurdo golpe
que a arriar se sume,
odio
por firme metal
que el dolor reúne;

odio amé,
odié amor.
¡Divino soplo!

Ipsa bellum consummatum est.

Su cara no osó
renacer
desde el reflejo
forjado
a aquel fornido
exiliado
de brisa esfuma.

Pues puño a puño
brinco en su busto
rezuma.

EXPIRA HASTA UNA LÁGRIMA

Cuelga ágil el vacío
y enrosca su cola
en los posos del suspiro
rendido que agota
el seco cuerpo y su alivio,
partiendo gota a gota,
desde la cabeza sin auspicio
ni unos ojos que sollozan,
sin que inmuten los rasguños
en la calcada sombra
donde un lunar en auxilio
en medio se ahoga,
en que la luz ha fundido
su distinguida nota.

Sin matiz,
salvo el lucido
semblante de la congoja.

3

CUANDO MUEREN LOS OJOS

Para Platón,
por elevar mis ojos
hacia la Belleza.

SOY Y NO VES

Te veo no ver que te veo. No estoy y ves. Ello te frena. Ello te impulsa. Quizá concluya y vuelvas. «¿Cuándo llegará el día?», dejé de preguntar. El amanecer es tan solo un acto que se entrega a la retina.

Tú piensas que los comienzos y los finales tienen un momento perfecto, mas lo que tú ves son las sombras de esa nada anterior o posterior y ese algo, ambos retazos de todo. La nada es un algo que despista a ser nada a quien puede ser algo. Y el todo es nada sin la nada. Solamente en el crónico son de lo efímero puedes reconocer las sintonías que proliferan tras los latidos del corazón reencarnante, el que aspira puro y espira mediocre.

Lo que es no perece, lo que parece ser no existe. Pero a veces los fantasmas nos desvían y otras nos estampan contra verdades. En el golpe contra esa pared, película lejana de la memoria sobre la que me proyecto, nos veo.

¡Imperturbable unidad! Revuelta por muchos ritmos, mas ineludible el orden de sus partes, cosmos cuyos soles arden en el iris, puzzle encajado con excelencia. Su única belleza veo y resplandece desde el interminable número de perspectivas que van dibujando espacios y constelaciones sin fin. Y cada uno de estos albas y de estas noches, de estas siluetas y sensaciones, engloba el impacto del cuerpo, pretendidamente invisible, que gesta en las partículas de hermosura única.

El tiempo no existe, el espacio es infinito. Por ello, no hay nada que comience o termine: nada que no pueda atraparse en el tacto de los ojos, que por la pasión no se estrelle, que no trascienda el alma. Nada fuera cuya esencia la memoria no tope. Nada en la cual nos sumimos a golpe de revista mientras los átomos destellan.

Ver o no ver, esa es la cuestión.

ACENTO ÁUREO (EN CLAVE DE FI)

No es temor del carmín
que sobre tu iris pulula
ni rencor por la anchura
de tus pisadas al fin;
roer entre el seso
que en mi seno confieso,
afilarte el hueso
por tejer mi beso.

Yo,
tú,
fervor;
el velar
nuestro despuntar
con los párpados de tabú.

Ah, si Fibonacci pudiera vernos contar...

Letanías del tacto
bautizan mi paso
al compás de tu hiel.
¿Acompaso un infarto?

¿Renazco un presagio?
¿Confío en tu piel?

Ah, si Fibonacci pudiera verme contar
lo que es una espiral,
dorado ser...

Asfixié el aire por respirarte y en tu más
sagaz suspirar [ahondarme,
colmaste de color y aroma la más parda
sombra que [en vela asolaba,
excitó mi lira con su cordial melodía,
despertando mi [día;
unimos el alma y veneramos la frenética
llama,
vagasteis surcándome y partisteis
olvidándome,
alumbran sin cesación.

Yo,
tú,
amor;
amantes

ayer mortales,
mediodías inmortales.

HE VUELTO

Vuelo.
¡He vuelto!
Vuelo
y has volado.
¡Vuelve!
Lánzate
menor,
que te devuelvo
mi puerto,
tu playa,
nuestro piélago,
grande.

No mis pequeñas,
soy yo agüero,
quien partía
inerte,
mas ya no temo
regresarte
mi credo,
tu cucharada,
nuestra noche desperdiciada,

grande.
Mayor
velo de fingir
no tener miedo;
reacios
a asomarse.

Afligido latido
de ave,
carne no fingida
que vuelve
ulterior:
lánzate
menor
y te desvelo;
velar
me desvelaste.

EN ESE ESPACIO VACÍO

Cuatro piernas
de péndulo:
hoy.
Sur.
Hoyos.
Surcos.

Entre piernas
sin párpado
cuatro tics:
pulso.
Nido.
Derivas.
Pupilas.

Mañana
sábanas:
éste,
oh éste,
oh viento
de ayer.
Hoy

pendo
del sur.
Mayo.

Desprendo
al oeste
sin piernas
ni sábanas:
oh aquél,
oh péndulo,
oh tacto,
tac.

FUI, FUISTE, VUELVE

Recuerdo ahogar tu perfume
en mis ojos por que me nazcas.
Recuerdas lágrimas que entumecen
tus ojos por que te nazca.

Fui llama en la madrugada,
ceniza en tu cama,
mañana en las nubes.

Fuiste viento en la tarde,
sigilo de ave
que renace en las nubes
y vuelve a mis ojos mañana.

Vuelve,
que los ojos preñados
preñan ojos preñados,
preñas penas
y venas,
paro aves.

Vuela,
que aves mudadas
mudan aves mudadas,
mudas
aves
mudas,
torné tarde.

SI NOS PINTAS, NOS LLORAS, NOS NACES

En diciembre
mancho mi sonrisa
por marchar
a marzo.

Te grabo
en el coral
de la prisa
que hiende.

En septiembre
rompo la orilla
a emigrar
sin llanto.

Me empapo
por pintar
tu risa
en el vientre.

Diciembre
y las trizas
calcarán
marzo.

Mayo
nunca nace,
mas yo
lloro,
mato
por celos
y muero
por volar,
volcar,
alzar
tu cuadro.

«Si nos pintas,
nos lloras,
nos naces»
dices:
dibujo
monzones
inertes;

y aun si
emborronas,
emborrachas,
te aborrascas,
no muere
de lluvia
noviembre.

Mancha mi vientre
de mayo
y renace
las tres estaciones.

NOBLEZA

Tan vacía de madreselva
en tu nula palabra
florece vida:
pequeñas
celosas
ramas
en lengua
de jaqueca y vena;
florece mi palabra
en celosas palabras
llenas de carencia.

Palabra
de que mis palabras
alumbran
y se arrancan
en tu ausencia.

Palabras
que mi palabra
fecunda

y derrama
de tu lengua.

ME VISTE MAS NO ME CALASTE

La calada que tus piernas tapan
tan solo suspiro de brillos que tapan
nobleza vestida
de lacada vista
calada en nobleza.

Olvidaste cuánto vales:
te nombro de raíz
inacabada en tu nombre;
tan solo olvido de brillos que tapan
tus piernas al nombrarte.

TIERRA

Azul tengo tierra
y en tu tierra tengo mar.

De oro hiela niebla
y tu vela solidifica
sol, mar, tierra...

¿De qué sirve azul
si no refleja cielo
ni cela marea?

¿De qué castaño,
si no aletea?

Tierra azul
me destierra
a tu tierra
y en tu tierra
ciega mar.

EGO ERO

Mar de mares tragaste
al desvestir y sentirme.
No urgió vela
ni tela que envistiera
tu embriaguez.
No me necesitabas,
no te necesitaba;
no estaba,
era.

Soy y tus tragos
ya se desríen
de mis ríos de tinta.
Velos trémulos
chapotean ante labios
y sonrío en cauce
por despeñarte.
Ninguna isla
hace eco.

Mares sin soplo
ignoran tu suela

de rodillas.
Narcos en vena
navegan
el inmenso narcisismo.

Eros
de los ojos
que bucea
en los surcos:
misma resaca
es tu ego
y mi erosión,
marea
del mismo barco
tu eros
y mi ego.

Inmenso océano
nos esculpe.

CONFUSA, OBTUSA Y RECLUSA

«Una luz se coló por la mañana
en un haz que emanó de la ventana.»

De la lluvia
deshelados los párpados
en ciclo poroso
sobre mi pecho.
Confusa.

Del sudor prófugo
tornado sobre el lecho
extinto de leche
y desierto.
Obtusa.

Del hielo del bar
indivisible en años
amamantados,
lo siento.
Reclusa.

Una luz trasnocha
en un haz
la luz,
luz rencor no emana.

ESCLAVIZA IDEALES

Pinta amada
unas alas a oriente
y la luna esclava;
consume cuerpo,
al olvidar da forma.

Devora larva
mariposa del vientre
y pupila fugada;
provoca cuerpo,
al recordar da forma.

¿A qué piel se lo llamas?
El amor no se transforma,
vertemos ideales.

¿A qué sombra se lo llamas?
El amor no se crea ni se destruye,
nos da forma.

POR QUÉ LA BELLEZA QUE RESIDE EN TU CORAZÓN ES UNA

Aquel imperfecto vicio
de la indiferencia,
aquel de los sentidos
mil soles
escondidos,
del posible frío.

Un «te odio»
es tan tibio
como la oquedad
de mi sentido
y de mis mil lunas
sin abrir.

Un «te amo»
es tan mío
como tus soles
y mis lunas
a punto
de morir.
Aquel imperfecto vicio

de la indiferencia,
ciega y eterna carencia
de diferencia,
probable brío
de prendas y soles
en cadena,
certero alivio
de muecas descontentas
y promesas.

Aquel
recompensa el vicio
de la carne cruda de tu cuerpo
y los latidos omitidos,
con el miedo que te daba
te supiera muerto.

Aquel
diferencia el brillo
del buen sabor de alma en mi boca
y en la ciega calma
cuando no te sabes corpóreo.
Aquel es
bello

trazo
crudo
de tu arder.

DESNUDA EN TU KARMA

Un nudo viejo
me desnuda en tu karma
tras la almohada
del alba
vertiendo cometas.

Con el pecho
ojo sobre ojo
parpadeaste
desvelando
borrascas
a duelo.

Con los ojos
poro por poro
palpitaste
desnudo
anudando
tormentos.

Una
la adorada

desvestida
y una
la fogata fugada
mientras purgas tu calma;
comete
la órbita
de tu ojo
sobre la noche
resuelta
del alba.

Deshecha
en miradas,
sueño:
un nudo lento
me desnuda en tu karma
ante el alba
desmembrado
que remembra.

El despecho
de la noche
acomete despertares.

ALÉTHEIA

Brilla la sombra,
son tus ojos.
Recuerdo
a lo alto de tu credo
tus ojos ocultar
un abismo en vela.

Su brillo anhelando
la sombra,
sombra olvidando
sombra.

Solo los ojos comprenden
que son uno:
a menudo bello,
granate,
tierra;
es
a veces nosotros,
suma,
sino;

somos
no sueña.

Brillaron
y sombrearon los míos
en el sino inspirado de tu cuerpo,
descendieron al sol
y ya no parecen poro
recordado,
deformado iris.

Ya no somos.
Anochece
y se descarnan:
el sol es solo.

REMINISCENCIA

Estar es un mero ser con la capacidad intuida
de llegar a ser quien siempre se ha sido.

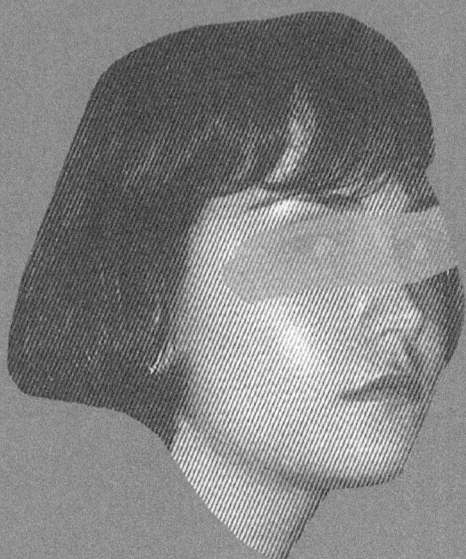

MARÍA FERREIRO
Dialéctica
de ojos

• colección poieo (poesía) •

SOBRE EL POEMARIO

Dialéctica de ojos fue concebido y alumbrado entre Santander y Korschenbroich durante los años 2007 y 2015 y reeditado en España en el 2021.

Los poemas del primer capítulo, *Ofuscado en la retina*, surgieron por un enamoramiento a primera vista, como por arte de Big Bang. Los sentidos se expandieron por el universo cuales rayos del amanecer. Enseguida se vislumbra, no obstante, cierta penumbra y gravedad: el sueño, el temor premonitorio.

Extinguir la córnea, segundo capítulo, arranca entre monólogos; la autora se dirige a un interlocutor palpable, mas visiblemente ausente. Del silencio pasa a la batalla propia. Tras la guerra, sobreviene la muerte, incluso *Expira hasta una lágrima*.

Pero no todo está extinguido. *Cuando mueren los ojos,* asciende la mirada: hay reflexión y recuerdo sobre lo que fue, lo que queda y lo que deviene. Los versos de este tercer y último capítulo caminan hasta el principio para encontrar, reunir y dialogar con los testigos. En el diálogo de esos ojos, María Ferreiro toma conciencia de la aparente metamorfosis de sus sentimientos. Pero los ojos siempre han sido más sinceros que los actos de sus amantes.

Carne de pasión primero y luego de cañón, los ojos se vacían ahora y reflejan como espejos de morales y pudores; se descuidan y ven lo que siempre han sido: compañeros que no dañan. Las palabras aspiran a igualarse a ellos y a olvidar los accidentes, convirtiéndose por fin en lo que realmente son: actos directos de los ojos.

Las miradas que un día estallaron y se expandieron, se alejaron demasiado y creyeron muertas, proceden de un mismo impulso, son un mismo cosmos.

SOBRE LA AUTORA

A veces no le basta con pasar página, o cerrar un capítulo, y necesita sacar un libro. Es co-creadora de *Noctis Labyrinthus* y autora de dos poemarios.

Arim Atzin nació como María Ferreiro en Santander (España) en 1987. Ya desde temprana edad sintió el instinto de dar vida al abstracto lenguaje interno de sus pensamientos a través de palabras, lo que se tradujo en sus primeros impulsos poéticos con 11 años. Más adelante comprendió que sólo tras escribir un poema puede surgir conciencia completa sobre su significado.

Influenciada por Gustavo Adolfo Bécquer, sus primeros escritos se inspiraron por el romanticismo. A los 15 años comenzó a estudiar alemán y con 19 escribió sus primeros versos en este idioma, venerando a Heinrich Heine. En adelante buscó en ambos idiomas un código poético propio echando mano de distintos ámbitos, como el lenguaje de lo somático, del arte y la ciencia. De esta manera su estilo ha ido volviéndose cada vez más abstracto y surrealista.

En el 2007 ganó el segundo premio de poesía en el *XXIX Concurso Literario Gerardo Rovira* con el poema *¿Solo eso?* y en 2008 el accésit por el ensayo *Lo que soy no es lo que ves* en el *I Concurso Regional de Ciencia y Literatura de Cantabria*. Se han publicado además varios poemas suyos en antologías y en la revista literaria cántabra *Absenta Poetas*.

Tras concluir el bachillerato y un ciclo de grado superior, se trasladó a Alemania en el 2010. Un año más tarde comenzó a estudiar diseño gráfico, especializándose en medios impresos, 3d y páginas web, el cual absolvió en el 2013. Paralelamente a eso, comenzó a distancia la carrera de Filosofía en la Universidad Nacional de Educación a Distancia (UNED). En el año 2015 empezó además a estudiar Lingüística Histórica y Lengua en la Universität zu Köln.

En 2014 se lanzó por cuenta propia como diseñadora gráfica y traductora y en el 2016 creó la pequeña editorial *I filo SOFÍA*.

En el 2018 volvió a España definitivamente. Comenzó un tiempo complicado de readaptación a su país, en el que pasó por distintas decepciones laborales, un convulso divorcio desde Alemania y en medio de todo ello hubo un resurgimiento espiritual y un reencuentro consigo misma. En 2020 decidió cambiarse públicamente el nombre, como ella dice su pseudónimo de nacimiento, María Ferreiro, y pasar a llamarse por su nombre de renacimiento: Arim Atzin.

Dialéctica de ojos es su primer libro, parido en junio del 2016, el cual recopila poemas escritos entre los años 2007 y 2015 que hablan sobre amor, desamor y amistad. Le sigue *El mar,* publicado en diciembre de 2016, cuyos versos hablan de relaciones a distancia. Dentro de no mucho tiempo, publicará sus tercer y cuarto poemarios, titulados *El mal* y *La gran explo-*

sión en mí, que será su poemario más sincero y surrealista, atrevido y astronómico. Verá la luz en la nueva editorial ***Noctis Labyrinthus,*** la cual fundó con el también escritor mexicano Hugo Ortega Vázquez en el año 2021.

ÍNDICE

OTROS TÍTULOS PUBLICADOS

Colección poieo de poesía:

- EL MAR (MARÍA FERREIRO / ARIM ATZIN)
- EL MAL (NACIDO) (MARÍA FERREIRO / ARIM ATZIN)
- AREOGRAFÍA (RAÚL FERNÁNDEZ COBOS)
- ETÉREA (CYNTHIA SABINA)
- ANTES DE CRUZAR EL PIÉLAGO (HUGO ORTEGA VÁZQUEZ)

Colección theasthai de teatro:

- CURADO DE PIÑÓN PARA ALIVIAR EL CORAZÓN. SÁTIRA PARA DÍA DE MUERTOS (HUGO ORTEGA VÁZQUEZ)

Colección gignosko de autoconocimiento:

- MI LUNARIO MENSTRUAL. REGISTRO DE MENSTRUACIÓN CONSCIENTE Y CALENDARIO MENSTRUAL (MARÍA FERREIRO / ARIM ATZIN)
- EMBARAZARTE. CÓMO CONCEBIR Y VIVIR UN EMBARAZO CONSCIENTE (NURIA ARAGÓN CASTRO)
- ALUMBRARTE. CONSEJOS PARA UN PARTO Y POSTPARTO CONSCIENTES (NURIA ARAGÓN CASTRO)
- AMAMANTARTE CON AMOR. LACTANCIA MATERNA CONSCIENTE (NURIA ARAGÓN CASTRO)

NOCTIS LABYRINTHUS · EDICIONES DE OTRO MUNDO